Camouflage & Decals

Focke-Wulf Fw 190 A

Vol. I

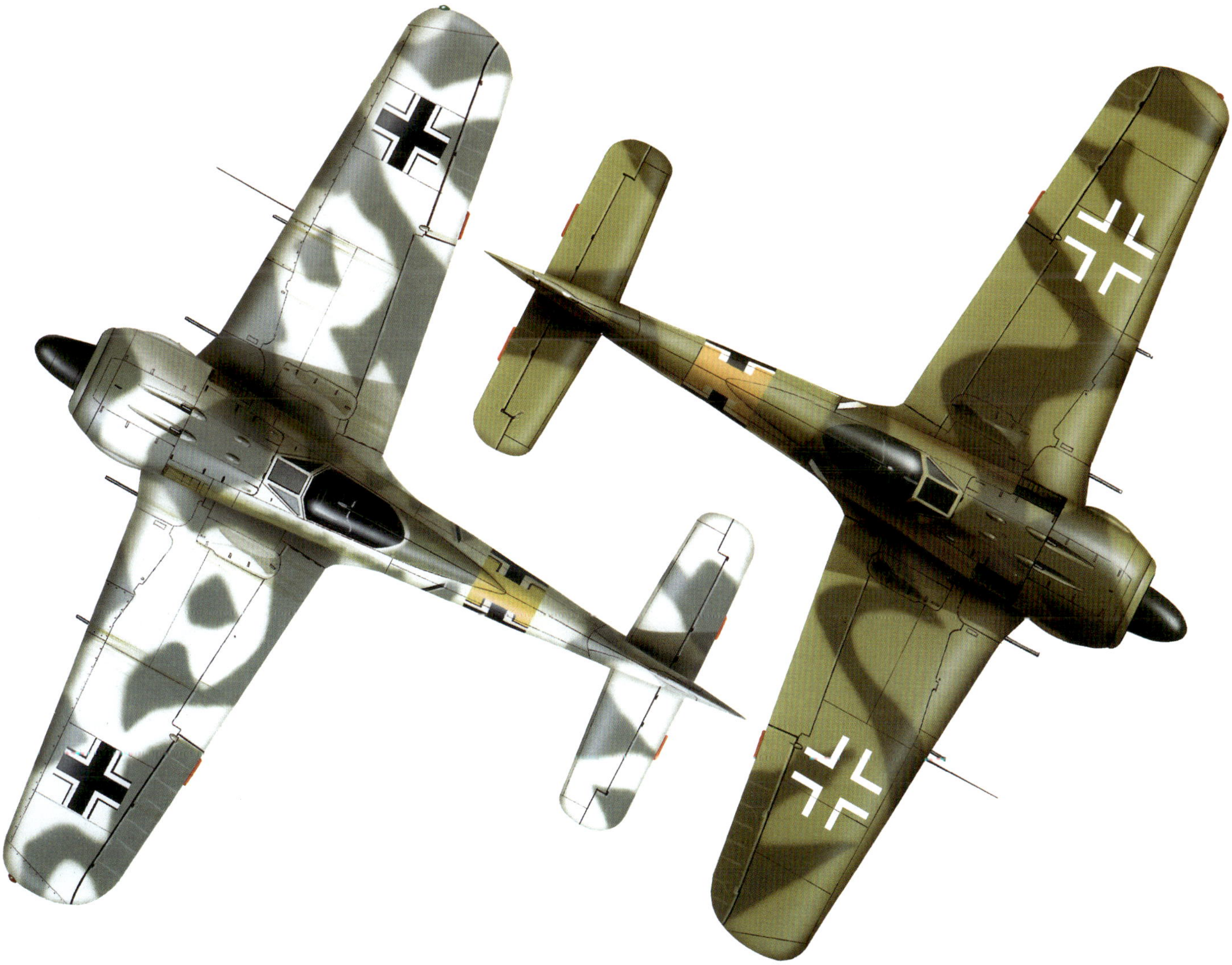

KAGERO publishing

Painted by / Malował:
Janusz Świałtoń

Focke-Wulf Fw 190 A-2; W.Nr. 0125 304, flown by Hptm. Johannes Seifert, Kommandeur of I./JG 26, St. Omer-Arques, May 1942.
Focke-Wulf Fw 190 A-2; W.Nr. 0125 304, pilot: Hptm. Johannes Seifert, dowódca I./JG 26, St. Omer-Arques, maj 1942 roku.

Painted by / Malował:
Janusz Światłoń

Painted by / Malował:
Janusz Światłoń

Focke-Wulf Fw 190 A-2; W.Nr. 0120 333, 'White 8', flown by Lt. Jakob Augustin of 7./JG 2, Théville, June 1942.
Focke-Wulf Fw 190 A-2; W.Nr. 0120 333, „biała 8", pilot: Lt. Jakob Augustin z 7./JG 2, Théville, czerwiec 1942 roku.

Painted by / Malował:
Janusz Światłoń

Painted by / Malował:
Janusz Światłoń

Focke-Wulf Fw 190 A-2; W.Nr. 0125228, "Chevron L", flown by Ofw. Erwin Leibold of Stab I./JG 26, St. Omer-Arques, France, July 1942.
Focke-Wulf Fw 190 A-2; W.Nr. 0125228, „szewron L", pilot: Ofw. Erwin Leibold z klucza sztabowego I./JG 26, St. Omer-Arques, Francja, lipiec 1942 roku.

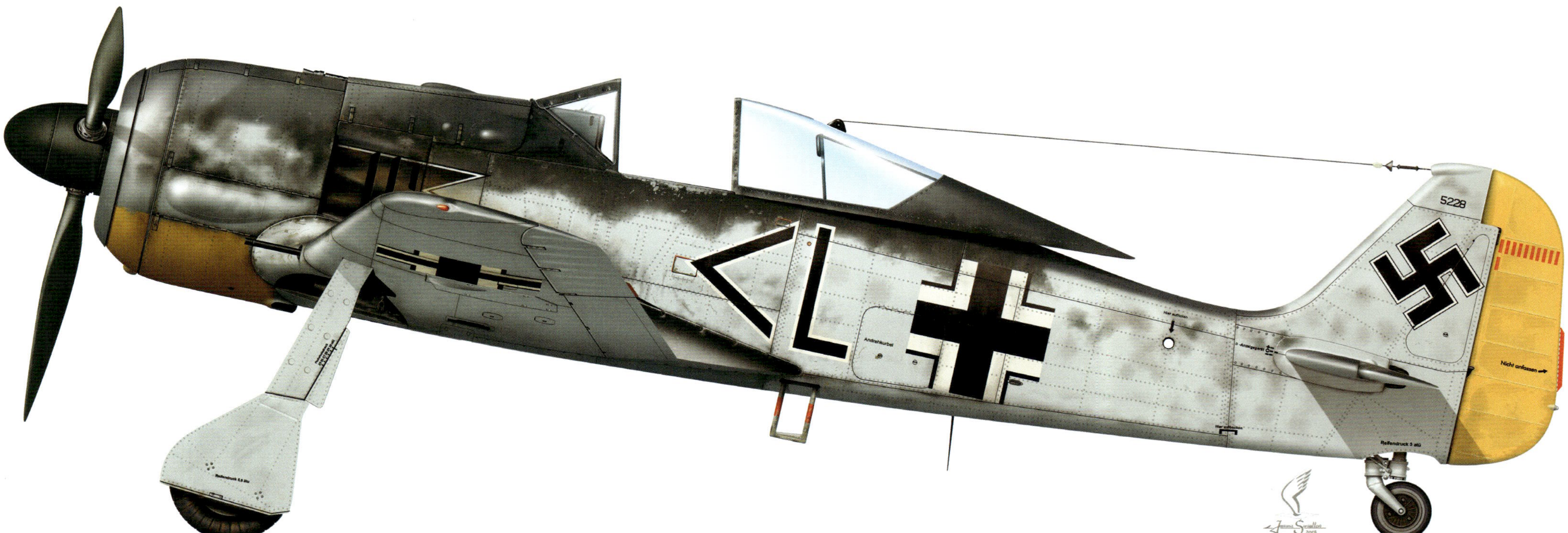

Painted by / Malował:
Janusz Światłoń

Painted by / Malował:
Janusz Światłoń

Focke-Wulf Fw 190 A-2; W.Nr. 0125299, "Blue 2", flown by Lt. Leopold Wenger of 10. (Jabo)/JG 2, Caen-Carpiquet, France, mid-August 1942.
Focke-Wulf Fw 190 A-2; W.Nr. 0125299, „niebieska 2", pilot: Lt. Leopold Wenger z 10. (Jabo)/JG 2, Caen-Carpiquet, Francja, połowa sierpnia 1942 roku.

Painted by / Malował:
Janusz Światłoń

Painted by / Malował:
Janusz Światłoń

Focke-Wulf Fw 190 A-3/U4; W.Nr. 0135 346, 'Red 9', flown by Fw. Oskar Sahre of 5.(F)/123, St. Pol, Spring 1943.
Focke-Wulf Fw 190 A-3/U4; W.Nr. 0135 346, „czerwona 9", pilot: Fw. Oskar Sahre z 5.(F)/123, St. Pol, wiosna 1943 roku.

Painted by / Malował:
Janusz Światłoń

Focke-Wulf Fw 190 A-5/U3 trop, W.Nr. 5973, coded 'White D' of II./Sch.G 2; Tunisia, May 1943.
Focke-Wulf Fw 190 A-5/U3 trop, W.Nr. 5973, „białe D" z II./Sch.G 2, Tunezja, maj 1943 roku.

Painted by / Malował:
Arkadiusz Wróbel

Painted by / Malował:
Arkadiusz Wróbel

Painted by / Malował:
Arkadiusz Wróbel

Fw 190A-4 of I./JG 54, eastern front, Spring of 1943. Top and fuselage sides were first painted white, and then RLM 75 was applied. Bottom surfaces are RLM 76.
Fw 190A-4 z I./JG 54, front wschodni, wiosna 1943 roku. Powierzchnie górne i boki kadłuba pomalowano białą farbą, a następnie naniesiono kolor RLM 75. Powierzchnie dolne RLM 76.

Painted by / Malował:
Arkadiusz Wróbel

Painted by / Malował:
Arkadiusz Wróbel

Fw 190A-4 of Stab JG 54, eastern front, Summer-Fall of 1943. Painted with captured Russian paints – green and light brown. According to eastern front veterans, the Germans often made use of captured Russian paints.

Fw 190A-4 ze Stab JG 54, front wschodni, lato-jesień 1943 roku. Samolot w kamuflażu złożonym ze zdobycznych farb rosyjskich – zielonej i jasnobrązowej. Zgodnie z relacjami weteranów frontu wschodniego Niemcy często wykorzystywali zdobyczne farby rosyjskie.

Painted by / Malował:
Arkadiusz Wróbel

Painted by / Malował:
Janusz Świałtoń

Focke-Wulf Fw 190 A-5Y; flown by Maj. Hans Phillip, Kommodore of JG 1, Jever, Summer 1943.
Focke-Wulf Fw 190 A-5Y; pilot: Maj. Hans Phillip, dowódca JG 1, Jever, lato 1943 roku.

Painted by / Malował:
Janusz Świątoń

Painted by / Malował:
Janusz Światłoń

Fw 190 A-7; W.Nr. 340268, 'White 8', flown by Uffz. Heinz Eberl of 4./JG 1, Rheine, Spring 1944.
Fw 190 A-7; W.Nr. 340268, „biała 8", pilot: Uffz. Heinz Eberl z 4./JG 1, Rheine, wiosna 1944 roku.

Painted by / Malował:
Janusz Światłoń

Painted by / Malował:
Janusz Światłoń

Fw 190 A-8, 'Yellow 7', flown by Ofhr. Walter Köhne of 3./JG 1, Bad Lippspringe, May 1944.
Fw 190 A-8, „żółta 7", pilot: Ofhr. Walter Köhne z 3./JG 1, Bad Lippspringe, maj 1944 roku.

Painted by / Malował:
Janusz Światłoń

Painted by / Malował:
Janusz Światłoń

Focke-Wulf Fw 190 A-8; 'White 2', flown by Uffz. Julius Händel of 13./JG 54, Eastern Front, August/September 1944.
Focke-Wulf Fw 190 A-8; „biała 2", pilot: Uffz. Julius Händel z 13./JG 54, front wschodni, sierpień/wrzesień 1944 roku.

Painted by / Malował:
Janusz Światłoń

Painted by / Malował:
Janusz Światłoń

Fw 190 A-8, „żółta 17", pilot: Gfr. Ludwig Sauter z 6./JG 300, Löbnitz, listopad 1944 roku.
Fw 190 A-8, 'Yellow 17', flown by Gfr. Ludwig Sauter of 6./JG 300, Löbnitz, November 1944.

Painted by / Malował:
Janusz Światłoń

Painted by / Malował:
Janusz Światłoń

Focke-Wulf Fw 190 A-8/R6; probable W.Nr. 171172, "Black 8" of 3./JGr 10, Redlin near Parchim, Germany, January 1945.
Focke-Wulf Fw 190 A-8/R6; prawdopodobny W.Nr. 171172, „czarna 8" z 3./JGr 10, Redlin, Niemcy, styczeń 1945 roku.

Painted by / Malował:
Janusz Światłoń

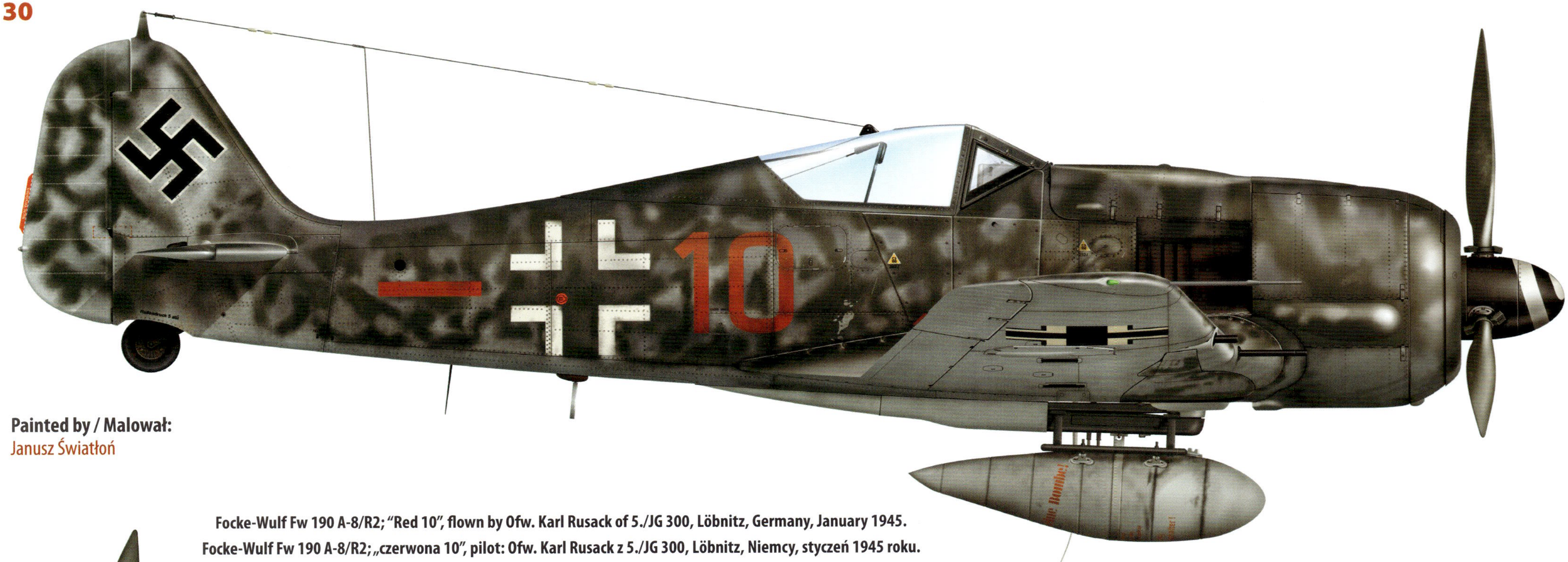

Painted by / Malował:
Janusz Światłoń

Focke-Wulf Fw 190 A-8/R2; "Red 10", flown by Ofw. Karl Rusack of 5./JG 300, Löbnitz, Germany, January 1945.
Focke-Wulf Fw 190 A-8/R2; „czerwona 10", pilot: Ofw. Karl Rusack z 5./JG 300, Löbnitz, Niemcy, styczeń 1945 roku.

Painted by / Malował:
Janusz Światłoń

Painted by / Malował:
Janusz Świątłoń

Focke-Wulf Fw 190 A-9/R11; W.Nr. 206000, „biała 2" z III./KG(J) 27, Wels, Austria, wiosna 1945 roku.
Focke-Wulf Fw 190 A-9/R11; W.Nr. 206000, "White 2" of III./KG(J) 27, Wels, Austria, spring 1945.

Painted by / Malował:
Janusz Światłoń

Painted by / Malował:
Janusz Światłoń

Focke-Wulf Fw 190 A-9; 'Blue 7', Stab II.(Sturm)/JG 300, Löbnitz, March 1945.
Focke-Wulf Fw 190 A-9; „niebieska 7", Stab II. (Sturm)/JG 300, Löbnitz, marzec 1945 roku.

Painted by / Malował:
Janusz Światłoń

Painted by / Malował:
Janusz Światłoń

Focke-Wulf Fw 190 A-3; "White 12", flown by Fw. Ernst Mayer of 9./JG 5, Herdla, Norway, late March 1945.
Focke-Wulf Fw 190 A-3; "biała 12", pilot Fw. Ernst Mayer z 9./JG 5, Herdla, Norwegia, późny marzec 1945 roku.

Painted by / Malował:
Janusz Świątłoń

Focke-Wulf Fw 190 A-8; W.Nr. 737435, "White 20" of 9./JG 5, Herdla, Norway, 8th March 1945.
Focke-Wulf Fw 190 A-8; W.Nr. 737435, „biała 20" z 9./JG 5, Herdla, Norwegia, 8 marca 1945 roku.

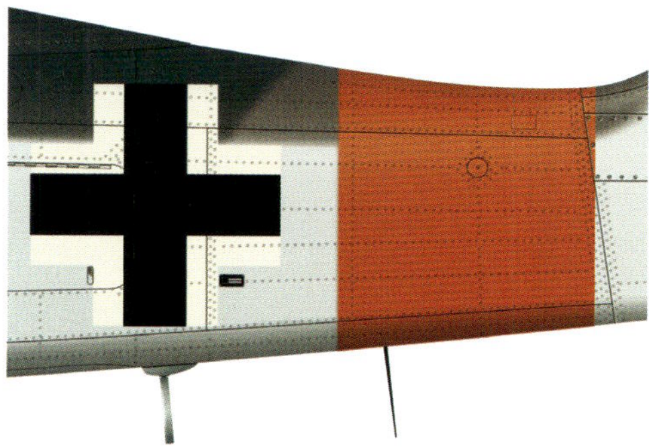
JG 1

JG 2

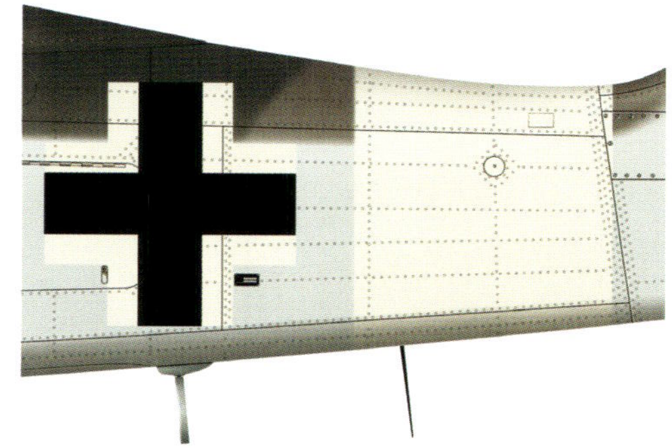
JG 3

JG 4

JG 5

JG 6

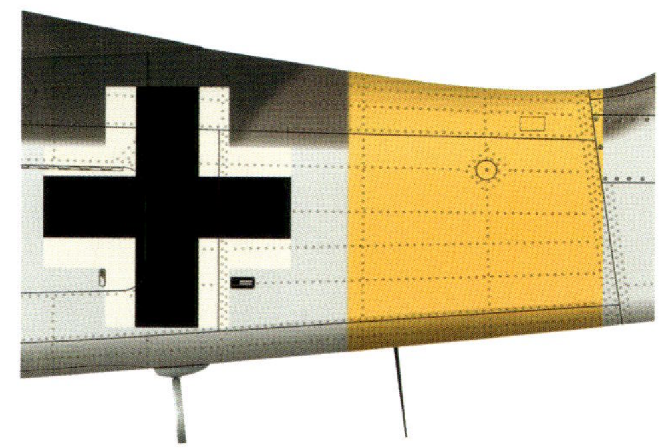
JG 11

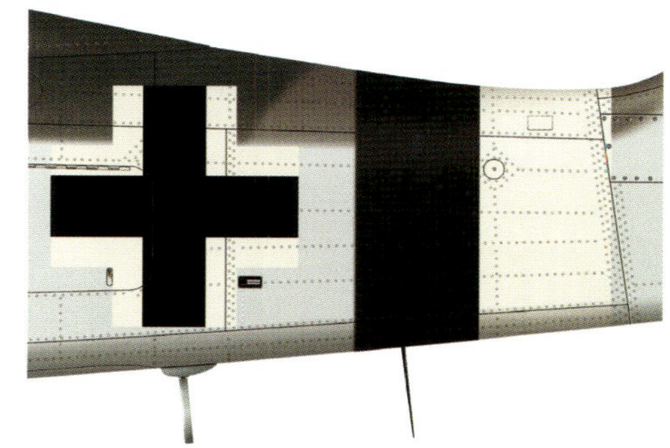
JG 26

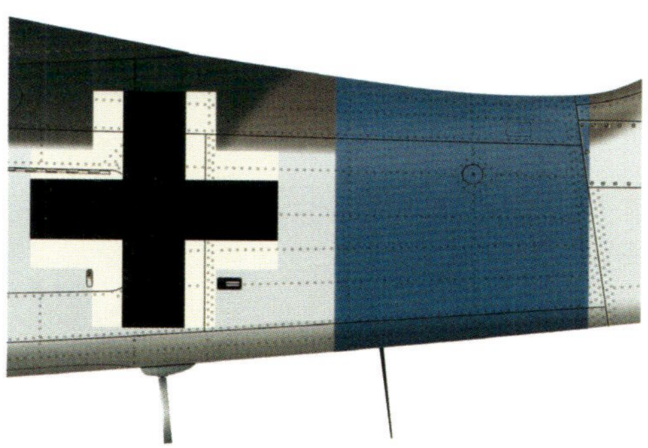
JG 54

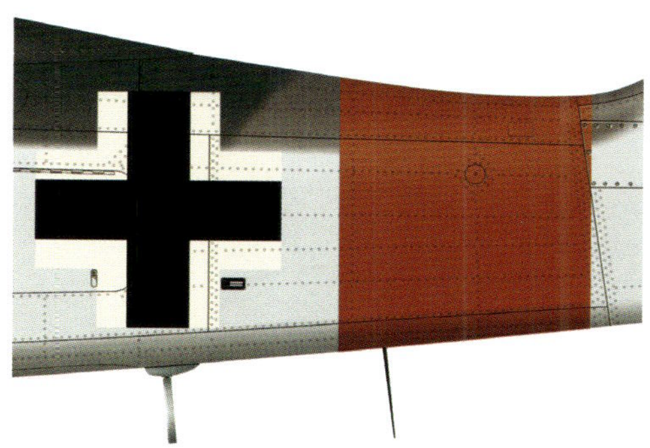
JG 300

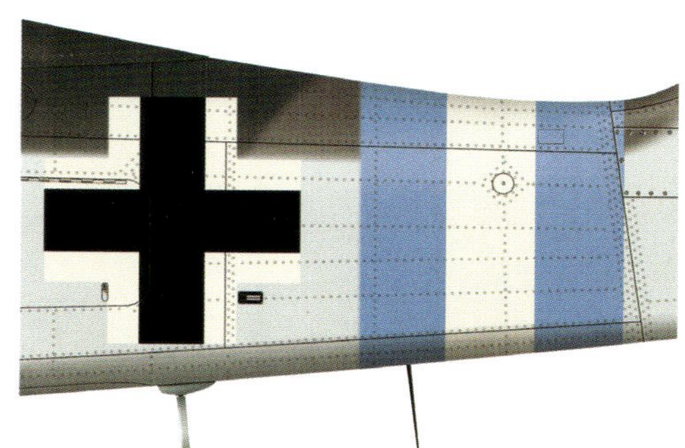
JG 300

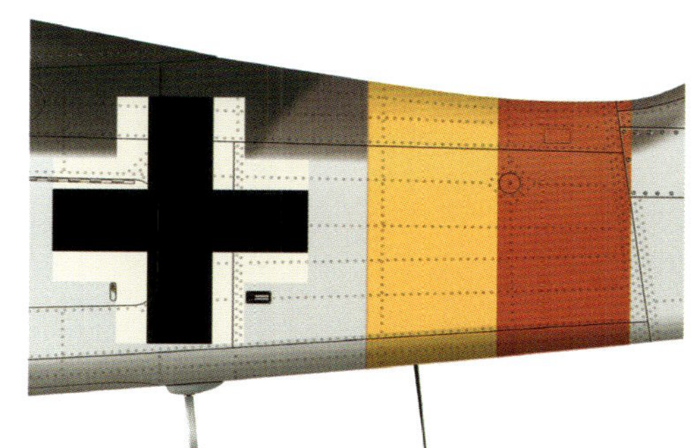
JG 301

We recommend/Polecamy

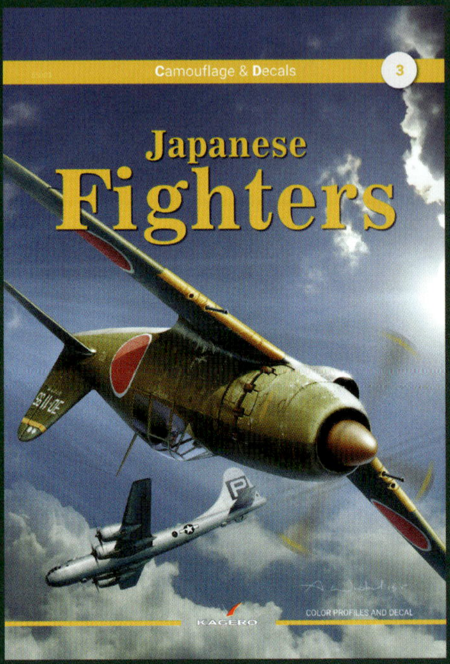

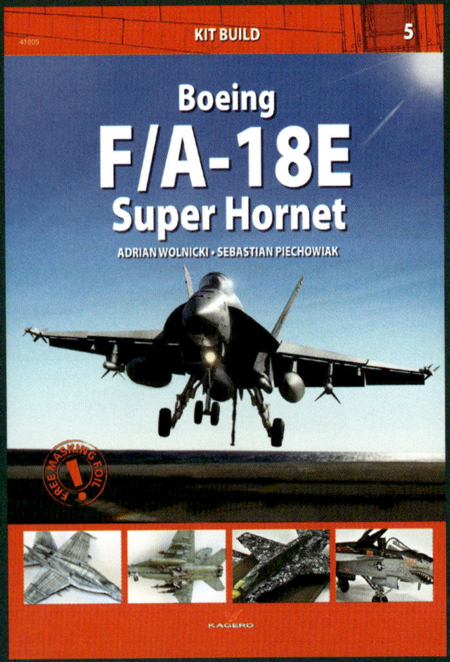

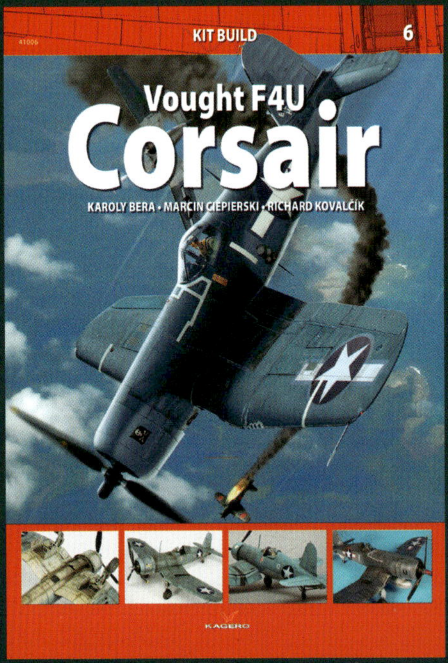

Camouflage & Decals 06 – Focke-Wulf Fw 190 A vol. I

First edition / Wydanie pierwsze • LUBLIN 2021 • ISBN 978-83-66673-40-3

Printed in Poland / Wydrukowano w Polsce.

Series editor / Redakcja: **Damian Majsak** • Color profiles / Plansze barwne: **Janusz Światłoń, Arkadiusz Wróbel** • Cover artwork / Ilustracja okładki: **Arkadiusz Wróbel**

Design/Skład: **KAGERO STUDIO**

Distribution / Dystrybucja: Kagero Publishing • www.kagero.pl • e-mail: kagero@kagero.pl, marketing@kagero.pl, shop@kagero.pl

Editorial Office, Marketing / Redakcja, Marketing: Kagero Publishing, ul. Akacjowa 100, os. Borek, Turka, 20-258 Lublin 62, Poland, phone/fax +48 81 501 21 05